Inhalt

Balanced Scorecard als Instrument des strategischen Managements

Kernthesen

Beitrag

Fallbeispiele

Weiterführende Literatur

Impressum

Balanced Scorecard als Instrument des strategischen Managements

F.Muretta

Kernthesen

- Die Balanced Scorecard ist ein strategiegeleitetes, kennzahlenbasiertes Instrument des Unternehmensmanagements, welches für die ausgewogene Koordination der verschiedenen finanziellen und nichtfinanziellen Ziele eines Unternehmens eingesetzt wird. (1), (2)
- Die für eine Balanced Scorecard ermittelten Kennzahlen umfassen insbesondere auch

sogenannte weiche Faktoren, d. h. objektiv kaum oder nicht messbare Größen bzw. Daten mit subjektiven Komponenten. (2)
- Der Erfolg eines Balanced Scorecard Projektes hängt maßgeblich von der Sorgfalt ab, mit der die teils divergierenden unternehmensinternen Ziele aufeinander abgestimmt werden.

Beitrag

Die Balanced Scorecard (deutsch: ausgewogener Berichtsbogen) ist ein modernes, auf strategisch relevanten Kennzahlen basierendes Planungs- und Steuerungsinstrument für das Unternehmensmanagement. (4)

In vielen Unternehmen beruhte die strategische Steuerung bisher rein auf der Erfassung und Verarbeitung von Finanz- und Produktionsdaten. In der globalisierten und informatisierten Wirtschaft hängt die Wettbewerbsfähigkeit und Effizienz eines Unternehmens aber hochgradig von dessen Fähigkeit ab, alle relevanten intern und extern verfügbaren Daten zu erfassen, zu verarbeiten und zu verwenden. Im Idealfall entsteht dabei ein realitätsnahes und abgeschlossenes Modell der Unternehmung.

Das Konzept der Balanced Scorecard versucht, eine ganzheitliche Sicht auf das Unternehmen herzustellen, indem es dessen Leistungen aus verschiedenen Perspektiven beleuchtet. Die vier betrachteten Blickwinkel sind:

-Finanzen
-Kunden
-Interne Prozesse
-Lernen/Entwicklung (Mitarbeiter).

Grundlage der Balanced Scorecard ist die systematische Identifizierung, Gewichtung und Erfassung von geeigneten Kennzahlen für jede der oben genannten Perspektiven und deren Zusammenstellung in einem übersichtlichen Berichtsbogen oder mehreren feiner untergliederten Bögen. (1), (2), (4)

Erste Schritte

Ausgangspunkt für die Erstellung einer Balanced Scorecard ist eine genaue Spezifikation der langfristigen strategischen Ausrichtung und der Vision des Unternehmens. Im Anschluss daran werden für jede der vier Perspektiven (Finanzen, Kunden, Interne Prozesse und Mitarbeiter) schrittweise die strategischen Erfolgsfaktoren und Ziele identifiziert und anschließend durch Kennzahlen und konkrete Maßnahmen operationalisiert. (1), (5)

Objektiv nicht erfassbares Datenmaterial

Das resultierende Kennzahlensystem enthält neben eindeutig bezifferbaren Angaben wie Kosten- oder Absatzdaten eine Vielzahl objektiv nicht messbarer Größen. Dieser Tatsache sollte bei der statistischen Weiterverarbeitung des Datenmaterials genügend Aufmerksamkeit geschenkt werden, damit Daten mit subjektiven Komponenten wie beispielsweise der Innovationsgrad, die Kundenzufriedenheit oder die Qualifikation der Mitarbeiter verlässlich interpretiert werden. (1), (2)

Um die Nutzung von Daten dieses Typs zuverlässig und nachvollziehbar zu gestalten, existieren folgende drei Ansätze.

-großzahlige Umfragen mit statistisch relevanten Losgrößen
-Conjoint Analyse
-360° Feedback-Verfahren (2)

Nutzen einer Balanced Scorecard

Das Ziel der Balanced Scorecard ist die Herstellung eines Gleichgewichtes zwischen den unterschiedlichen finanziellen und nichtfinanziellen Zielen innerhalb eines Unternehmens und die Verminderung der Reibungsverluste zwischen langfristigen Geschäftsstrategien und kurzfristigen Anforderungen des operativen Geschäfts.

Das Balanced Scorecard Konzept ist vor allem aufgrund seiner Einfachheit und seines Beitrags für eine erhöhte Transparenz beliebt. Es ermöglicht die Reduktion der komplexen, unternehmensinternen Abläufe auf relativ wenige Kennzahlen, die dafür aber umso sorgfältiger ausgewählt werden sollten. Es kommt auf die richtige Prioritätensetzung an, um eine ganzheitliche und leistungsfähige Sicht auf das Unternehmen zu gewinnen.

Eine systematische Anwendung, Überprüfung und Anpassung des Kennzahlensystems ermöglicht eine erhebliche Verbesserung der Mess- und Steuerbarkeit des Unternehmens. Darüber hinaus können Risiken und Fehlentwicklungen frühzeitig erkannt werden. (5)

Eine transparentere Datenlage und eine strategische Einbindung und Mitbestimmung der Beteiligten gewährleistet eine bessere Nutzung der vorhandenen Kapazitäten. Infolge der verbesserten internen Kommunikation wird die Klärung betriebspolitischer Auseinandersetzungen auf der sicheren Grundlage von Fakten stattfinden können. Außerdem wirken klar bezifferte Sollwerte verbindlicher als allgemein formulierte Ziele.

Für die Messung von Ergebnissen, die im Rahmen von TQM oder EFQM-Projekten erzielt werden, reichen traditionelle Kennzahlen nicht aus. Ein systematisches Kennzahlensystem ist hier eine notwendige Voraussetzung. (1)

Einführung einer Balanced Scorecard

Über die richtige Vorgehensweise bei der Einführung einer Balanced Scorecard gibt es unterschiedliche Meinungen. Während es sich in vielen Unternehmen bewährt hat, die Balanced Scorecard im Top Management zu entwickeln und dann schrittweise auf die Stufe einzelner Teams und Mitarbeiter zu übertragen (top down), scheint in einigen Fällen ein Vorgehen in umgekehrter Reihenfolge (bottom up) der vorteilhaftere Weg, da nur auf diese Weise sichergestellt werden kann, dass genügend spezifisches Know-How in die Entwicklung einfließt. Dieses Argument gilt insbesondere für die IT-Branche, da die oberen Managementebenen für eine exakte Identifikation und Messung der leistungs- und kostenrelevanten Daten häufig nicht ausreichend qualifiziert oder informiert sind. (3)

In jedem Fall setzt die Balanced Scorecard ein hohes Maß an Kommunikation und damit auch Kommunikationsfähigkeit voraus. Deshalb ist es ein wichtiges Teilziel, deutliche Zeichen für den Wandel in der Unternehmenskommunikation, im wechselseitigen Informationsaustausch und im organisatorischen Lernen zu setzen. Ausschlaggebend für die Realisierung dieses Teilziels ist ebenso der Grad der expliziten Einbeziehung der Mitarbeiter in die Zielfindung und Steuerung des Unternehmens.

Fallbeispiele

Kennzahlen aus der

Mitarbeiterperspektive

Im Zentrum der Mitarbeiterperspektive, welche auch Innovationsperspektive oder Lern- und Entwicklungsperspektive genannt wird, steht die Ermittlung und Verarbeitung von mitarbeiterbezogenen Daten, welche sich auf Qualifikation und Weiterbildung, Zufriedenheit und Motivation, Produktivität, Personaltreue sowie auf Arbeits- und Gesundheitsschutz beziehen. Dazu gehören objektiv messbare Größen wie beispielsweise die Schulungsquote, die Einhaltungsquote von Meetings und Gesprächen zwischen Führungskraft und Mitarbeiter oder die Fluktuationsquote, aber auch objektiv nicht erfassbare Daten wie etwa die Teamfähigkeit oder die Mitarbeiterzufriedenheit. Dabei ist die Art und Weise, auf die mitarbeiterbezogene Kennzahlen zustande kommen ein wesentlicher Erfolgsfaktor. Fliessen lediglich herkömmliche Indikatoren wie beispielsweise die Mitarbeiterproduktivität oder der Umsatz pro Mitarbeiter in die Berechnung ein, widerspricht dies den Ansprüchen der Balanced Scorecard Philosophie an Ganzheitlichkeit und Ausgewogenheit. Die Kennzahlen sollten vielmehr einen fairen Kompromiss zwischen Mitarbeiterinteressen und Unternehmensinteressen darstellen. Die Wahrung der Mitarbeiterinteressen könnte dabei beispielsweise durch die Einbindung der Betriebsräte in den

Gestaltungsprozess der Balanced Scorecard erreicht werden. Zu den hervorzuhebenden positiven Auswirkungen einer durchdachten Mitarbeiterperspektive gehört die Früherkennung und Behebung von akutem Schulungsbedarf. Dadurch wird die Grundlage für einen hohen allgemeinen Qualifikationsstand gelegt.

Balanced Scorecard für die strategische Planung eines Geldinstituts

Im Rahmen der Einführung einer Balanced Scorecard für die strategische Planung hat die Sparkasse Hannover fünf Bereichsscorecards für die einzelnen Geschäftsfelder sowie eine Top-Scorecard für bereichsübergreifende Messgrößen erarbeitet. Die der Strategiefindung zugrunde gelegten Einflussfaktoren umfassten dabei u. a. die Wettbewerber, die Kunden, Technologien, Trends sowie Risiken & Chancen. Bei der Umsetzung besonders zu beachten ist die gezielte unternehmensweite Förderung der Kommunikation und Dokumentation der Scorecard-Inhalte. Zudem muss von hohen Anforderungen an die IT-Unterstützung ausgegangen werden.

Supply Chain Balanced Scorecard

Das Grundkonzept der Balanced Scorecard kann als Unterstützung des Managements von Wertschöpfungsketten (Supply Chain Management) eingesetzt werden. Im Rahmen eines Forschungsprogramms der European Business School e. V. wurde dies anhand einer Fallstudie aus der chemischen Industrie bestätigt. Mit der Einführung der Balanced Scorecard wurden die folgenden strategischen Ziele verfolgt:
- Profitables Wachstum
- Erhöhung des Kundennutzens und der Kundenzufriedenheit
- Erhöhung der Lieferservices
- Verringerung der Lagerhaltungskosten
- Verbesserung der administrativen Prozesse
- Nutzung der Möglichkeiten von e-Commerce
- Erhöhung der Zufriedenheit der Prozessbeteiligten
- Gemeinsame Marketingstrategien und -aktionen

Um eine kontinuierliche Kontrolle und Verbesserung des Einführungsprojektes zu gewährleisten, wurde daneben ein projektbezogener Zielkatalog entwickelt:

- Messung des Projekterfolges
- Schaffung von Transparenz über die Ergebnisse der Zusammenarbeit in der Wertschöpfungskette

- Konzentration auf erfolgskritische Messgrößen
- Klärung der gemeinsamen Ziele der Beteiligten in der Wertschöpfungskette und Schaffung von Konsens
- Rechtzeitiges Erkennen von Zielkonflikten
- Priorisierung von Maßnahmen zur Optimierung der Wertschöpfungskette

Weiterführende Literatur

(1) WAS FIRMEN AN DIE SPITZE BRINGT TITEL: Exklusiv-Studie - Was Firmen erfolgreich macht - Starke Führung - Beste Qualität - Exzellentes Marketing / Eine Exklusivstudie weist erstmals nach: Wie sich Unternehmen am besten aufstellen, um profitabel zu wachsen. Und wie die Kunden über Deutschlands Vorzeigefirmen denken.
aus Impulse vom 01.12.2003, Seite 18

(2) Führungsqualität messen
aus Maschinenmarkt Nr. 47 vom 17.11.2003

(3) Karg, Thomas, Woran die Balanced Scorecard krankt, Computerwoche, 12.09.2003, Nr. 37, S. 32
aus Maschinenmarkt Nr. 47 vom 17.11.2003

(4) Leistungsindikatoren einer Balanced Scorecard für das Rechnungswesen
aus Bilanzbuchhalter und Controller, Heft 09/2003, S. 197

(5) Chancen- & risikoorientiertes Balanced Scorecard-Reporting
aus Bilanzbuchhalter und Controller, Heft 09/2003, S. 202

Impressum

Balanced Scorecard als Instrument des strategischen Managements

Bibliografische Information der deutschen Nationalbibliothek

Die Deutsche Nationalbibliothek verzeichnet diese Publikation in der deutschen Nationalbibliografie; detaillierte bibliografische Daten sind im Internet über http://dnb.d-nb.de abrufbar.

ISBN: 978-3-7379-1187-0

© 2015 GBI-Genios Deutsche Wirtschaftsdatenbank GmbH, Freischützstraße 96, 81927 München, www.genios.de

Alle Rechte vorbehalten. Dieses Werk ist einschließlich aller seiner Teile – z.B. Texte, Tabellen und Grafiken - urheberrechtlich geschützt. Jede Verwertung außerhalb der Grenzen des Urheberrechtsgesetzes bedarf der vorherigen Zustimmung des Verlags. Dies gilt insbesondere auch für auszugsweise Nachdrucke, fotomechanische Vervielfältigungen (Fotokopie/Mikroskopie), Übersetzungen, Auswertungen durch Datenbanken oder ähnliche Einrichtungen und die Einspeicherung und Verarbeitung in elektronischen Systemen.